RÉQUISITOIRE

DE M. FRANC-CARRÉ,

AVOCAT-GÉNÉRAL,

Dans l'affaire de la Société des Droits de l'Homme.

Paris, imprimerie de Cosson.

RÉQUISITOIRE

DE

M. FRANC-CARRÉ,

AVOCAT-GÉNÉRAL,

Dans l'affaire de la Société DES DROITS DE L'HOMME.

Messieurs, avant d'entrer dans les détails du procès qui nous occupe, il importe de poser d'avance et de bien fixer les principes qui serviront de base à la discussion.

Vous savez, par l'histoire de notre pays, messieurs, combien fut grande et désastreuse l'influence exercée par les clubs révolutionnaires à cette époque d'anarchie qui est aujourd'hui l'objet de si incroyables regrets.

L'art. 291 du Code pénal doit son origine à cette leçon d'une triste et déplorable expérience. Il fut écrit dans la loi pour fermer ces repaires de désordre et d'anarchie, pour éteindre ces foyers permanens d'insurrection qui s'opposaient à toute action gouvernementale.

Nous avions trop souffert du mal qu'il a pour objet de prévenir, pour que des Français, amis de l'ordre constitutionnel, voulussent tenter une seconde expérience ; aussi, messieurs, lorsque, depuis la révolution de juillet, le Code pénal fut révisé, cet article demeura dans la loi comme une garantie d'ordre et de paix, sans qu'aucune voix s'élevât dans le sein des chambres législatives pour en demander l'abrogation.

Nous savons, messieurs, qu'on a souvent reproché à cet article de la loi l'extension de ses formes prohibitives, sans réfléchir apparemment qu'elle était nécessitée par l'obligation de défendre le pays contre des associations ennemies qui cacheraient leurs mauvais desseins sous une dénomination mensongère. Quoi qu'il en soit, au reste, de ce reproche, il ne nous appartient pas, messieurs, de le discuter dans cette enceinte, moins encore que partout ailleurs. Nous pourrions répondre à ces attaques par ce principe, que la loi, même dans ses rigueurs, a encore droit à nos respects, par cela seul qu'elle est la loi : *dura lex, sed lex.*

Mais nous irons plus loin, messieurs, parce que notre intime conviction nous force à le dire : si cette loi protectrice de l'ordre social et politique n'existait pas, il faudrait se hâter de la faire. Le danger qu'on prétend y voir pour la liberté n'existe plus depuis que la révolution de juillet a étendu votre compétence jusqu'au délit même que cet article réprime et punit.

En effet, messieurs, dans les causes qui vous sont

soumises, ce n'est pas seulement un fait matériel, c'est encore, et avant tout, la moralité qui appartient à ce fait que vous devez apprécier. Vous savez que ce n'est pas le droit de réunion que nous venons contester devant vous : dans un gouvernement représentatif, en effet, les réunions accidentelles sont souvent d'une indispensable nécessité pour l'exercice des droits constitutionnels : leur existence est légitimée par là même. Le droit d'association également, c'est-à-dire le droit de réunions journalières ou périodiques, n'est pas contestable en lui-même : il est souvent soumis à certaines conditions, et le nombre des associations littéraires, scientifiques, commerciales, civiles, industrielles, qui existent en France, atteste suffisamment qu'il n'est pas, en effet, contesté. Mais lorsqu'une association se forme en dehors des principes de notre droit public, lorsqu'elle prend des engagemens contraires à la constitution de l'état, lorsque son but criminel est de préparer le renversement du gouvernement, lorsqu'elle est d'autant plus redoutable qu'ayant une affiliation générale, une direction commune, une caisse centrale, elle constitue en réalité un gouvernement irrégulier placé en face du gouvernement régulier, un état dans l'état, le premier devoir du ministère public est de poursuivre, et de demander au pays la dissolution de cette association ennemie ; le vôtre, messieurs, n'est pas plus douteux ; nous remplirons la tâche qui nous est imposée : vous ne manquerez pas non plus à la mission que la loi vous a confiée. Ces principes posés, nous entrons, messieurs, dans l'examen du procès qui vous est soumis.

Déjà les débats nous ont appris que l'un des chefs de prévention est commun à tous les prévenus ; que l'autre au contraire est spécialement relatif à Petit-Jean. Nous nous occuperons d'abord, et selon la loi de la méthode, du premier chef de prévention, et sous ce rapport notre tâche sera simple et facile : le délit que nous poursuivons est avoué : son existence flagrante résulte de tous les documens de la procédure, et la prévention trouverait au besoin ses défenseurs dans ceux-là même qu'elle est appelée à combattre.

Aussi ce n'est pas, en effet, par un système d'argumentation, mais par une simple exposition de faits avoués, de pièces reconnues, que nous justifierons la prévention.

L'existence de l'association est un fait, et les débats nous dispensent d'insister à cet égard : son organisation seule et son but exigent quelques développemens pour lesquels nous réclamerons, messieurs, votre bienveillante attention.

La première pièce qui constate cette organisation est un document imprimé par les soins et aux frais de l'association elle-même. Elle a donc un caractère officiel, s'il est permis de s'exprimer ainsi, qui s'oppose à ce que la société dont elle émane la récuse, et vous avez en effet entendu les prévenus renouveler à l'audience les déclarations qu'ils ont faites dans le cours de l'instruction, et ajouter le poids de leur témoignage au fait matériel de l'existence de ce document. Il est ainsi conçu.

(Ici l'organe du ministère public lit les statuts réglementaires.)

Ainsi l'association se compose d'un nombre illimité de sections formées chacune de dix membres au moins, et de vingt au plus. Les sections se distinguent par un numéro d'ordre; leurs séances peuvent avoir lieu une ou plusieurs fois par semaine, à la volonté des sectionnaires, qui, avant de se séparer, indiquent le lieu, le jour et l'heure de la prochaine réunion.

Il y a dans chaque section un chef, un sous-chef et trois quinturions nommés pour un temps illimité à la pluralité des voix, soit au scrutin découvert, soit au scrutin secret, selon le vœu des sectionnaires.

Des collectes, des lectures d'écrits appelés patriotiques, et plus spécialement des Droits de l'Homme et du Citoyen, des discussions politiques enfin occupent le temps des séances.

Pour retrouver l'unité de pensée, d'influence et d'action que la division par sections semblerait devoir détruire, l'association est dirigée par quelques hommes qui, sous le nom de chefs de séries, se trouvent placés chacun à la tête de cinq sections au moins et de huit au plus, dont l'inspection et la surveillance leur sont confiées; de telle sorte que les sections et les séries diverses, au lieu de former des sociétés distinctes et séparées, ne sont au contraire que des fragmens, des parties d'un même tout, qui se formule sous le titre d'association des Droits de l'Homme et du Citoyen.

Des ordres du jour transmis et lus aux diverses séries prouvent tout à la fois et sans réplique l'unité qui lie les sections les unes aux autres par le moyen de séries, et le centre commun d'impulsion auquel tout se rattache. La teneur et le style de ces ordres du jour indiquent clairement encore que ceux qui les adressent et dont ils émanent sont revêtus d'un caractère plus élevé, et qu'ils partent de plus haut, puisqu'ils blâment, puisqu'ils approuvent, puisqu'ils encouragent, puisque ceux auxquels ils s'adressent acceptent leurs paroles et reçoivent leur direction.

L'association des Droits de l'Homme, malgré sa division par sections et séries, forme donc une seule et même association, dont les fractions diverses marchent, si l'on peut s'exprimer ainsi, d'un même pas au même but, preuve irrécusable qu'une seule et même influence la soutient, qu'une seule et même pensée la dirige, qu'une seule et même volonté la fait agir, ou, en d'autres termes, qu'il existe dans son sein un comité quelconque, destiné à lui donner l'unité, source unique de toute force et de toute influence.

L'existence et l'organisation de la société une fois reconnues, il importe de vous rendre compte, messieurs, de l'esprit qui l'anime et du but qu'elle se propose.

Les déplorables événemens des 5 et 6 juin ont au moins eu l'incontestable avantage de révéler au grand jour les intentions coupables d'un parti qui jusque là cachait son inimitié profonde pour la monarchie de juillet sous les dehors trompeurs d'une opposition constitutionnelle : et telle feuille publique qui demandait alors la monarchie entourée d'institutions républicaines, n'hésite plus à se prononcer pour la république, qu'elle pose fièrement en face de la monarchie, et qu'elle proclame son adversaire.

Les professions de foi faites à cette audience même, messieurs, nous ont suffisamment appris quels sont les hommes que vous avez à juger, et quel est aussi le parti dont ils sont, pour nous servir de leur expression, les sentinelles avancées ; mais le but de l'association des Droits de l'Homme n'est pas seulement la république : c'est le régime qui pesa sur la France en 93, et que le pays a si justement flétri du nom odieux de terreur.

Nous avons promis, messieurs, d'appuyer toutes nos assertions sur des pièces, sur des faits reconnus par l'association elle-même ; nous serons fidèle à notre promesse.

Et d'abord, en tête de ses statuts réglementaires, la société place elle-même une profession de foi, elle formule sa croyance, et jette en avant son *Credo* politique.

Nous y lisons : « Depuis que les hommes sont réunis en société, ils ont été privés de la jouissance de leurs droits ; ils ont croupi dans l'esclavage le plus honteux ; leur dignité a été comptée pour rien.

» Ravalés à la condition de la brute, ils ont été parqués, vendus, décimés, exploités par des maîtres impitoyables, qui ne leur ont laissé, pout toute alternative, que l'obéissance ou la mort.

» A quoi faut-il attribuer leur patience et leur résignation? A l'ignorance où ils sont de leurs droits.

» La nature, la vérité, la justice, la saine morale, sont la source d'où découle la déclaration des Droits de l'Homme et du Citoyen, proclamés en 93.

» Les principes renfermés dans cette déclaration sont ceux que professent la société des Droits de l'Homme et du Citoyen; elle n'en proclame point d'autres; elle avoue tous ces principes, rien que ces principes. Chacun de ses membres jure de consacrer tous ses efforts au triomphe de cette sainte cause. »

En exécution de cette profession de foi, l'association a imprimé et publié la déclaration des Droits de l'Homme et du Citoyen du 24 juin 1793; et, pour la mettre plus à la portée du peuple, l'un des membres de l'association, Laponneraye, s'est chargé de commenter ses principaux articles; et l'exemplaire que nous avons sous les yeux nous apprend que cet étrange écrit en est à son 22ᵉ tirage depuis août 1830.

Il nous suffirait, messieurs, de vous avoir signalé cette pièce; que vous connaissez comme nous, puisqu'elle appartient à l'histoire, pour vous faire apprécier tout le danger de cette association, qui se place en dehors des principes de notre droit publie, qui vit au milieu de notre organisation sociale, mais qui la repousse et l'attaque dans ses principes fondamentaux, si une circonstance remarquable, parce qu'elle est de nature à vous faire mieux apprécier l'esprit de l'association, ne nous déterminait à insister quelques instans.

Les principes démocratiques proclamés par la convention le 24 juin 1793, ne suffisent plus à l'esprit avancé de l'association que nous poursuivons : et cette déclaration des droits, qui répondait aux exigences révolutionnaires des meneurs de cette triste époque, ne répond pas encore aux pacifiques intentions de la société des Droits de l'Homme.

Par une petite supercherie historique, dont il nous sera permis peut-être de nous étonner, lorsqu'elle émane de ces républicains qui parlent sans cesse de leur austère franchise, la déclaration qu'on nous présente comme l'œuvre de la convention, a au contraire été repoussée par elle, parce qu'elle dépassait les principes de cette assemblée. Ce n'est pas la déclaration votée par la convention, et placée en tête de la constitution de 1793, que nos modernes républicains réimpriment jusqu'à vingt-deux fois ; c'est le projet qui fut présenté par Robespierre, et dont la convention elle-même ne voulut point ; et il n'est peut-être pas sans intérêt de rappeler à des hommes qui feignent de regretter ce régime révolutionnaire, que cette assemblée avait porté si loin la répugnance contre l'exagération des principes démagogiques consacrés dans ce projet, qu'un décret du 1er juillet 1793 punissait de mort celui qui se permettrait de changer un mot au texte de la déclaration adoptée (1). Combien ne doivent-ils donc pas se féliciter de ne pas vivre eux-mêmes sous les lois sanguinaires qu'ils veulent exhumer, et qui les eussent impitoyablement frappés !

Quant à nous, messieurs, il nous suffira de quelques mots et d'un petit nombre de rapprochemens pour vous faire apprécier dans quel esprit a été rédigée la déclaration nouvelle qui, comme nous l'avons dit, est le symbole politique de la société des Droits de l'Homme.

Il est un principe fondamental sur lequel repose toute société bien organisée, et que la convention elle-même a reconnu et proclamé, c'est le droit sacré de la propriété. Nous lisons dans la déclaration des Droits de l'Homme du 24 juin 1793 : « Le gou-

---

(1) Le décret du 1er juillet 1793 est ainsi conçu :

« La convention nationale, sur le rapport de son comité de salut public, décrète ce qui suit :

» Toute personne qui aura imprimé ou fait imprimer, vendu ou distribué, fait vendre ou distribuer un ou plusieurs exemplaires altérés ou falsifiés de la déclaration des Droits de l'Homme et du Citoyen, et de l'acte constitutionnel dont la rédaction a été décrétée le 24 juin 1793, et présentée ensuite par la convention à l'acceptation du peuple français, sera punie de mort. »

vernement est institué pour garantir à l'homme la jouissance de ses droits naturels et imprescriptibles. Ces droits sont l'égalité, la liberté, la sûreté, la propriété. »

L'association des Droits de l'homme ne veut pas que la propriété soit un droit naturel et imprescriptible. Elle dira donc, et aura soin de souligner pour le faire mieux comprendre, que les principaux droits de l'homme sont ceux de *pourvoir à la conservation de l'existence et à la liberté*, principe évidemment destructif du droit de propriété. Aussi, lorsque la convention déclare que « le droit » de propriété est celui qui appartient à tout ci- » toyen, de jouir et de disposer à son gré de ses » biens, de ses revenus, du fruit de son travail et » de son industrie », l'association des Droits de l'Homme déclare, au contraire, que « la propriété » est le droit qu'a chaque citoyen de jouir et de » disposer à son gré de la portion de bien qui lui » est *garantie par la loi*; » et ces derniers mots, bien significatifs en effet, sont encore écrits en caractères italiques dans la pièce que nous avons sous les yeux.

La convention déclare que nul ne peut être privé de la moindre portion de sa propriété sans son consentement, si ce n'est lorsque la nécessité publique légalement constatée, l'exige, et sous la condition d'une juste et préalable indemnité. Aussi ajoute-t-elle : « Les secours publics sont une dette sacrée. La société doit la subsistance aux citoyens malheureux, soit en leur procurant du travail, soit en assurant les moyens d'exister à ceux qui sont hors d'état de travailler. » Mais ce dont la convention avait fait une dette de la société tout entière, l'association des Droits de l'Homme, qui veut quelque chose de plus positif encore, en fait une dette de l'homme riche : elle déclare donc que les secours indispensables à celui qui manque du nécessaire sont une dette de celui qui possède le superflu : et elle ajoute : « Il appartient à la loi de déterminer la manière dont cette dette doit être acquittée. » Ainsi, en résultat, la doctrine de la société des Droits de l'Homme n'est autre chose que l'abolition de la propriété et l'établissement de la loi agraire.

Nous terminerons là, messieurs, cet incroyable parallèle, qui vous démontre que le régime violent de la convention elle-même ne satisfait pas encore les exigences de la société des Droits de l'Homme ; nous ajouterons toutefois que cette société, non contente d'avoir adopté cette maxime qui couronne l'œuvre de la convention, que, « quand le gouvernement viole les droits du peuple, l'insurrection est pour le peuple et pour *chaque portion du peuple* le plus sacré des droits et le plus indispensable des devoirs, »termine le sien par cette phrase de Robespierre : « Les rois, les aristocrates, les tyrans, quels qu'ils soient, sont des esclaves révoltés contre le souverain de la terre, qui est le genre humain, et contre le législateur de l'univers, qui est la nature. »

Un dernier mot, messieurs, achèvera de vous bien faire connaître l'esprit de l'association que nous poursuivons : ce mot, ou plutot cette maxime, qui serait incroyable si nous ne l'eussions vu réaliser à cette époque sinistre que tant et de si coupables efforts tendent à nous ramener, nous la trouvons écrite dans un autre ouvrage publié par un membre de la société des Droits de l'Homme, sous le titre de *Petit Catéchisme republicain*, et dont de nombreux exemplaires ont été saisis chez les prévenus.

Cette association, qui se dit, qui se proclame libérale par excellence, a compris cependant, messieurs, qu'au jour du succès qu'elle espère et qu'elle n'atteindra pas, on lui demanderait de réaliser ces promesses de liberté illimitée dont elle est si prodigue ; et comme son règne, qui serait, elle le sait bien elle-même, le triomphe d'une faible minorité, ne pourrait se soutenir quelque temps que par une nouvelle terreur, elle légitime par avance tous les excès auxquels elle se livrerait, et elle déclare, après avoir flétri le despotisme, qu'il y en a cependant un de « légitime, c'est celui de la liberté contre la tyrannie. » Etrange privilége, singulier triomphe réservé à la liberté, que de lui donner le droit exclusif d'oppression et de tyrannie, qu'il est précisément dans la nature de repousser ! De généreuses doctrines pourraient elles conduire à un aussi effroyable machiavélisme ?

Dans ce même pamphlet, on se reporte à ces dénominations de girondins et de montagnards que la révolution a rendues célèbres : on se répand en invectives contre les girondins ; on exalte les monta-

2*

gnards, dont les vertus sont proposées comme modèles et signalées à l'admiration du peuple.

Nous n'hésitons pas à penser, messieurs, que les pièces que nous avons produites devant vous sont plus que suffisantes pour vous faire bien apprécier les doctrines de la société des Droits de l'Homme ; nous devons vous montrer maintenant le but qu'elle se propose, et vous faire connaître les moyens employés pour atteindre ce but.

Vous savez déjà, messieurs, que le but est la république, et cette république même qui pesa sur la France en 93. Mais l'association déclare qu'elle veut y parvenir par l'éducation politique du peuple ; c'est par la propagande, non par la force, qu'elle veut amener la réalisation de ses doctrines.

Mais d'abord quelle que soit l'habileté des maîtres, plus même nous les supposerons habiles, moins ils devront croire à la possibilité de faire désirer par le peuple le triste retour d'un passé dont il n'a conservé que les plus douloureux souvenirs.

D'un autre côté, n'est-il pas naturel de se demander comment une société qui ne se proposerait que l'éducation politique du peuple, et qui tendrait à la république par la propagande seulement, aurait besoin de cette organisation puissante par son unité ? Et cette organisation même ne semble-t-elle pas disposée beaucoup plutôt pour le coup de main d'une émeute ?

Mais nous avons promis de ne nous appuyer que sur des pièces émanées de la société elle-même ;

encore une fois nous serons fidèles à cette promesse.

Après avoir subi des modifications diverses et successives, l'association des Droits de l'Homme, dont l'origine paraît remonter au commencement de l'année 1832, s'est enfin définitivement constituée le 29 août de la même année.

La fondation paraît devoir être attribuée à deux sectionnaires, les sieurs Caunes et Lapouneraye, et l'organisation définitive, qui fit tomber la société sous une direction, sinon plus dangereuse, au moins plus violente en la forme, plus décidée sur les moyens d'arriver au but, paraît être due aux prévenus Petit-Jean et Hullin.

Or, peu de jours après l'organisation définitive, un ordre du jour, reconnu dans l'instruction par plusieurs sectionnaires, et dont deux copies ont été saisies chez le prévenu Petit-Jean, fut adressé aux diverses sections. Il importe, messieurs, de mettre ce document sous vos yeux :

« Citoyens, votre organisation est achevée, et nous pouvons commencer notre tâche. Il faut confiance dans les guides que vous vous êtes choisis, de même qu'ils doivent la justifier et l'employer pour le plus grand avantage de tous.

« Notre but est beau et juste : c'est l'égalité universelle, l'affranchissement de quiconque est asservi, le bien-être de quiconque travaille, l'instruction des ignorans, la ruine des mauvaises institutions et des hommes pervers. Ce n'est pas seulement la liberté pour la France, elle appartient à tous les peuples, mais c'est aussi pour la délivrance et la prospérité de la patrie que toutes les nations proclament leur future libératrice.

» Et si nous voulons la république, c'est qu'elle seule peut amener de grands résultats et réparer les longues injustices de l'état social envers les membres les plus utiles et les plus maltraités. Une poignée d'intrigans, d'égoïstes et d'ignorans, retardent encore son établissement : mais nous pouvons être républicains à la face de la royauté ; nous pouvons, malgré son triomphe d'un moment, nourrir et propager la haine des tyrans, l'amour de la justice, de la sainte égalité et des vertus connues seulement des hommes libres.

» C'est à eux à prouver ces vertus par leur exemple, à confondre les calomniateurs qui attribuent aux opprimés les vices et les crimes des oppresseurs : nous avons pour nous tout ce qui est laborieux, probe, persécuté, car nous voulons que le travail soit récompensé, la probité en honneur, en horreur la persécution : mais nous avons contre nous ces hommes qui crient au pillage et pillent la nation, qui font de l'ordre avec des assassinats, et ne cessent d'être hypocrites que lorsqu'ils se livrent à leurs fureurs.

» Pensez-vous qu'entre eux et nous l'avenir soit incertain ? Non. Mais pour le conquérir, encore une fois il faut de la constance et de l'union, il faut appeler tous les hommes dont nous soutenons la cause, et bâtir la forteresse des peuples sous les yeux de la tyrannie.

» A l'œuvre donc, citoyens! que chacun prenne part à notre glorieuse besogne! « Ce travail ne sera » plus sans prix comme celui qui consume les forces; » il sera payé par tout ce qui vous manque, et » profitera à tous ceux qui l'auront entrepris. »

» Citoyens! c'est à tous qu'il profitera, car la liberté ne fait tort qu'aux tyrans, et les tyrans, combien sont-ils? Quelques-uns seulement contre les peuples. Qu'ils tremblent! les peuples les jugeront! »

Vous l'entendez, messieurs, on appelle les citoyens à l'œuvre « pour bâtir la forteresse des peu-» ples sous les yeux de la tyrannie » ; et l'on promet que ce travail ne sera pas « sans prix comme » celui qui consume les forces; il sera payé », dit-on, « par tout ce qui nous manque, et profitera à » tous ceux qui l'auront entrepris. » Rapprochez, messieurs, cette étrange promesse de ce principe consacré, adopté, proclamé par la société des Droits de l'Homme, que « la propriété n'est pas un droit » naturel, mais seulement le droit de jouir et de » disposer de la portion de bien qui est garantie à » chaque citoyen par la loi, » et vous en comprendrez maintenant et le sens et la portée.

La convention l'avait si bien senti elle-même,

qu'encore une fois elle repoussa ces odieux principes, écrits dans le projet de Robespierre.

Mais il est un autre document qui, par son importance, mérite encore de vous être signalé. Deux hommes condamnés à mort par le jury pour avoir pris une part active aux attentats des 5 et 6 juin, voient rejeter par la cour suprême le pourvoi qu'ils ont formé contre l'arrêt de condamnation. L'exécution doit avoir lieu; le droit de grâce peut seul intervenir.

Plusieurs sections de cette société, qui prétend être de propagande et non d'action, sont aussitôt convoquées. L'ordre est donné de se tenir en permanence pour s'opposer à l'exécution : deux chefs de section, les nommés Brivois et Rouiller le déclarent, les sectionnaires Wagner et Noirpoudre le confirment.

Mais le document écrit dont nous venons de parler, et dont le manuscrit a été saisi chez le prévenu Millon, donne à ces déclarations la plus haute gravité.

Ce document est un ordre du jour adressé aux diverses sections par les chefs de l'association ; il est la preuve irrécusable que l'attentat préparé par les sectionnaires, et dont la clémence royale avait détruit le but, en commuant la peine des nommés Lepage et Cuny, avait été, sinon ordonné, du moins hautement approuvé par les directeurs de l'association.

Cet ordre du jour, qui fut en eff et lu aux diverses sections, est ainsi conçu :

« Citoyens, votre courageuse fraternité a sauvé deux patriotes ! la tyrannie n'a pas osé les frapper sous vos yeux. Elle n'eût pas impunément tenté de faire tomber leurs têtes.

» Nous devons vous félicit er de votre dévouement et de votre civisme ; nous de vons aussi vous engager à mettre plus d'ensembl e et de régularité dans votre action. L'expérience q ue vous venez de faire vous montre à la fois ce que nous pouvons et ce qui nous manque. Profitez-en pour encourager votre patriotisme, et perfectionner la marche de votre association.

» Citoyens , vous avez fait votre devoir ! Le brave Cuny est condamné à une prison perpétuelle ; mais la tyrannie ne vivra pas assez long-temps pour déshériter à toujours la patrie d'un citoyen qui a montré un si sublime courage , et qui peut la servir par sa vertu, comme il a par son héroïsme honoré les principes qu'il professe , fait honte aux lâches et donné l'exemple aux bons. »

Nous le demandons, messieurs, comment, en présence de cet incroyable ordre du jour, comment oserait-on nous parler de propagande et d'éducation politique du peuple ? Des fauteurs de guerre civile , des hommes condamnés comme assassins par la justice du pays, sont présentés comme des modèles de vertu et de courage ; on vaute sans honte ce qu'on ose appeler leur héroïsme ; on a l'impudence de les présenter comme exemples à suivre , et l'on viendrait encore nous parler de doctrines et de lectures ! Non , messieurs ; il s'agit ici d'action , et le but coupable de l'association vous est clairement dévoilé.

Ce n'est pas tout cependant , et nous devons vous présenter quelque chose de plus décisif encore.

Un état de section fut saisi chez l'inculpé Pinel ; il a été reconnu par lui comme contenant les indications relatives aux hommes qui composaient la section dont il était le chef. Cet état passera sous vos yeux ; vous remarquerez qu'il se divise en sept colonnes distinctes.

La première fait connaître les noms des sectionnaires et les fonctions qu'ils remplissent dans la section ; la seconde indique leur profession ; la troisième leur domicile ; la quatrième leurs qualités intellectuelles ; la cinquième leurs antécédens ; la sixième les lieux de travail où ils peuvent être trouvés ; la septième la constitution physique des sectionnaires.

Dans la cinquième colonne , relative aux antécédens de cette société de propagande à coups de fusil, nous lisons ces mentions diverses : « Brave » entre les braves. — Conduite digne d'éloges en » juin. — Patriote pur, arrêté en juin dernier. — » Condamné à 1,000 fr. d'amende et six mois de » prison. — Homme de résolution et d'exécution. —

» Son père a subi une condamnation pour menaces
» écrites au roi Philippe. — Conduite très-honora-
» ble en juin. »

Dans la sixième colonne, destinée à faire connaître les lieux où les sectionnaires peuvent être
trouvés à chaque heure de la journée, on lit des
mentions ainsi conçues : « Le jour chez lui ; le soir,
» estaminet de Paris. — Soit chez lui, soit au café
» National. — Toujours chez lui, etc. »

La septième colonne, ainsi que nous l'avons dit,
donne des renseignemens sur la force physique et
sur la taille des sectionnaires.

Ainsi, vous parlez d'éducation pour le peuple, et
c'est la force physique des sectionnaires que vous
recherchez ! Vous parlez de propagande, et vous
ne trouvez vos antécédens honorables que dans des
condamnations judiciaires, dans des attentats politiques, dans d'odieux et lâches assassinats ! Nous le
dirons hautement, et avec une autorité de raison in-
vincible : Le passé que vous invoquez nous répond
de l'avenir que vous préparez ; et les antécédens
des hommes que vous choisissez montrent assez ce
que vous en attendez encore.

Cet état de section conduit naturellement à rendre compte d'un autre état saisi chez l'inculpé Brivois, et écrit par le prévenu Petit-Jean. Dans cet
tat, semblable d'ailleurs au précédent, se trouvent cependant deux colonnes dont l'une est desti-

née à constater si les sectionnaires ont servi , et dans quelle arme , et l'autre à mentionner ceux des sectionnaires qui sont armés et ceux qui ont des munitions. Petit-Jean convient avoir écrit cet état d'armement : l'expertise , et la déclaration des témoins confirment pleinement cet aveu. Vous avez entendu, messieurs, les explications données relativement aux armes indiquées dans cet état : vous apprécierez donc toute son importance , que laissent subsister les maladroits motifs invoqués par Petit-Jean.

Il est enfin une pièce , écrite et signée par le prévenu Millon , dont il importe de vous donner connaissance , parce que, dans sa rude et grossière franchise , elle fait connaître , mieux que ne le feraient les discours étudiés , le véritable caractère des hommes que nous poursuivons, et montre aussi plus clairement le but auquel ils aspirent. Tout est républicain dans cet œuvre étrange, le fond et la forme, le style et l'orthographe. C'est le citoyen Millon, comme il s'appelle, qui s'exprime en ces termes :

« Oui , le jour de la justice approche ; il faudra que chacun rende compte de ses actions ; vous paraîtrez, vils assassins des peuples, couverts du manteau de la corruption , et le peuple vous jugera à son sacré tribunal ; et apparaîtront à ce jugement » sublime des milliers de victimes dont votre fer ho- » micide trancha des jours glorieux.

« Que dis-je ? est-ce que le sang de nos frères fu- » mant encore sous le pavé des barricades, et la

» marque des boulets incarnés dans les murs de
« Saint-Merry ne sont pas des preuves de votre bar-
« barie? C'en est assez! le flambeau de la liberté a
» dévoilé le repaire du crime. Plus de roi ! Peuple :
» il nous coûte trop cher ; plus de priviléges , plus
» de monopoles ! Citoyens , c'est autant d'impôts
» pris sur le produit de nos travaux pour engraisser
» de vils fainéans , qui se rient de notre misère. Le
» temps est venu où nous devons compter avec eux
» et partager égale moitié du bien qu'ils nous ont
» volé. Je dis pour cela que nous devons le prendre ;
» mais , d'après les lois de la nature , chaque citoyen
» doit participer aux biens de la grande famille. »

Plus loin , après avoir cherché à établir que l'iné-
gale division des biens est la cause du malheur des
nations ; il termine ainsi : « Il est donc plus que
» probable que la société s'est divisée en deux classes
» bien distinctes l'une de l'autre ; d'abord on em-
» ploya la ruse et le mensonge, ensuite on y est
» arrivé par la force : de là est née cette classe
» d'imposteurs et de fainéans , s'arrogeant des
» titres et des blasons, qui fut dénommée aristo-
» cratie mobilière et religieuse ; l'autre, qui était
» le peuple, portion agissante et travailleuse, d'où
« découlent tous les trésors de l'industrie, s'est
» trouvée tributaire de la première et exploitée par
» elle jusqu'à nos jours. Mais la nature, irritée d'un
» pareil état de choses, s'est réveillée tout à coup
» de son long sommeil, et a déchiré le masque qui
» lui couvrait les yeux, et d'un seul coup de massue
» écrasa la tête de l'aristocratie. Et c'est à quoi,

» citoyens, nous devons nous exercer pour suivre
» tous les débris de cette même aristocratie, qui
» s'est reformée sous la dénomination de bourgeoi-
» sie, et l'extirper jusque dans ses fondemens, et
» fonder sur ses débris le gouvernement le plus
» conforme à nos besoins sociaux. Ce gouvernement
» c'est, selon moi, la république. »

> » Salut et fraternité.
>
> » Citoyen MILLON. »

Ainsi, vous le voyez encore, messieurs, le but
que ces hommes veulent atteindre, ce qu'ils pour-
suivent par des instructions populaires, qui sont
alors de facile propagande, c'est la propriété qu'ils
n'ont pas, c'est le bien d'autrui. L'aristocratie est
tombée ; mais cela ne peut pas leur suffire. Ce n'est
pas l'égalité politique, l'égalité devant la loi, c'est
la chimère d'une égalité de fortune qui trouble leurs
têtes. « La bourgeoisie, comme ils disent, est une
» aristocratie nouvelle, qu'ils veulent extirper jus-
» que dans ses fondemens, » pour nous exprimer
comme Millon.

Vous connaissez maintenant, messieurs, l'association des Droits de l'Homme, son organisation,
son but, et les moyens qu'elle met en œuvre pour
atteindre ce but. Vous savez quels sont les élémens
de discorde et de guerre civile qu'elle récèle ; vous
vous demanderez si, dans une société bien organisée, on peut, on doit tolérer un semblable foyer

d'insurrection. L'existence de cette association ennemie est une menace incessante, non seulement contre notre organisation politique, mais encore et avant tout, contre les principes sociaux eux-mêmes. Jamais la question ne fut mieux et plus explicitement posée ; jamais la guerre ne fut plus ouvertement déclarée par ceux qui n'ont pas à ceux qui ont. Cette vérité, messieurs, pour vous comme pour nous-mêmes, est sortie claire, évidente et lumineuse, si nous pouvons nous exprimer ainsi, des divers documens que nous avons eu l'honneur de vous signaler, et qui tous appartiennent à l'association même que nous poursuivons.

C'est à vous, messieurs, qu'il appartient de repousser cette démagogie nouvelle, dont les attaques secrètes et permanentes jettent l'incertitude dans ses esprits, en les persuadant que nous sommes toujours à la veille d'une insurrection nouvelle.

L'association des Droits de l'Homme, en dépit des poursuites dont elle est l'objet, fait chaque jour de coupables efforts pour consolider et étendre son organisation. Nous l'avons vue, dans les premiers jours de février dernier, à l'occasion de quelques provocations individuelles, offrir naïvement de marcher au nombre de quatre mille par sections de vingt hommes ; et le journal la *Tribune*, a aussitôt enregistré cette étrange provocation à la guerre civile.

Vous n'hésiterez donc pas, messieurs, à répondre affirmativement aux questions qui vous seront posées. De son propre aveu la société des Droits de l'Homme se compose de plus de vingt personnes; son but est de se réunir, et elle se réunit en effet, pour s'occuper d'objets politiques. Loin d'avoir obtenu l'autorisation nécessaire, elle ne l'a pas même sollicitée : elle est donc en contravention flagrante à la loi.

Dans le cours de l'instruction, cependant, messieurs, les prévenus ont déclaré qu'ils avaient voulu se placer en dehors des prohibitions de l'article 291 du Code pénal, et que, pour atteindre ce but, ils avaient fractionné l'association générale par sections de vingt individus au plus.

Mais vous vous rappelez les statuts réglementaires, messieurs; vous savez que les sections diverses appartiennent toutes à la même association ; qu'elles constituent les parties d'un même tout, les membres d'un même corps, et que dans ce morcellement plus apparent que réel, l'unité d'action se retrouve par l'unité de direction.

Or, si nous nous reportons aux termes de la loi, nous y verrons que le corps du délit, si nous pouvons nous exprimer ainsi, n'est plus la réunion, mais l'association même. Tous les efforts du raisonnement ne parviendront pas à changer le texte précis de la loi, quand ce texte surtout est si vivement éclairé par son esprit. Encore une fois, ce n'est pas la réunion, c'est l'association qui repousse la loi, et sous ce rapport la société des Droits de l'Homme tombe sous l'application forcée de l'article 291 du Code pénal. Nous vous devons maintenant, messieurs, quelques explications personnelles aux prévenus.

La loi qui prononce la dissolution illicite ne punit que les chefs, directeurs ou administrateurs de ces associations. Le ministère public n'a donc pas dû poursuivre les simples chefs de sections, puisqu'ils n'ont pas sous leur direction une association de plus de vingt personnes : les chefs de séries seuls, qui se trouvent à la tête de cinq sections au moins, et quelquefois de huit, sont les véritables chefs, les directeurs, les administrateurs de la société. Le trésorier, dont l'existence est constatée par les statuts eux-mêmes, et dont les fonctions s'étendent à l'association tout entière, est également l'un des administrateurs, et devait conséquemment à ce titre être l'objet des poursuites de la justice.

Or, messieurs, dans le procès qui nous occupe, où l'importance de la question pénale s'efface et disparaît devant l'intérêt tout autrement grave de la dissolution d'une association ennemie, dont l'existence est une menace permanente contre notre ordre social et politique, le ministère public n'a voulu vous présenter que des culpabilités avouées, et vous ne voyez devant vous, en effet, que ceux des inculpés qui ont avoué la qualité de chef de séries, qui motive à leur égard des poursuites.

L'instruction et les débats nous dispensaient sans doute de recourir à leur aveu : mais il convenait que sur cette question secondaire, aucune difficulté ne pût s'élever entre la défense et l'accusation.

Petit-Jean, Millon, Guyot et Martinaut déclarent être chefs de séries : Baudeloux convient qu'il était revêtu des fonctions de trésorier de l'association, postérieurement même aux poursuites de la justice. Nous n'insisterons donc pas sur des faits que l'instruction, les débats et l'aveu même des prévenus établissent sans réplique.

Il est temps enfin, messieurs, de nous occuper du second chef de prévention, exclusivement relatif à petit-Jean.

Il existe, vous le savez au dossier de la procédure, plusieurs exemplaires de deux écrits autographiés, ayant pour titre ces mots : *A la France de Juillet! Lis, juge, et agis si tu le peux!* Nous ne vous fatiguerons pas de nouveau par la lecture de ces pages aussi dégoûtantes qu'absurdes : nous devons nous expliquer seulement sur les faits qui rattachent cet écrit au prévenu Petit-Jean.

Et d'abord vous avez remarqué comme nous qu'il a été vendu, distribué et lu aux diverses sections qui composent les séries des prévenus Petit-Jean et Hullin; les témoins entendus à cette audience, et dont les sentimens ne sont pas suspects, ne laissent aucun doute à cet égard.

Or, vous savez, messieurs, qu'aux termes des statuts réglementaires imprimés, les chefs de séries sont chargés de distribuer les écrits nécessaires à l'instruction de la société. Déjà donc, et par les statuts eux-mêmes, il devient constant que Petit-Jean a distribué l'écrit incriminé. D'un autre côté, l'instruction prouve que cet écrit a été autographié dans les ateliers du prévenu Hullin, beau-frère de Petit-Jean, et comme lui chef de série. A cet égard, la déclaration du témoin Brivois est formelle. Il dépose de ce qu'il a vu, et sa déposition a été amenée par cette circonstance d'un brouillon de lettre adressée par lui à la dame Hullin, et dont la saisie a donné connaissance de ce fait à la justice.

Enfin le témoin Lambinet déclare formellement qu'il a entendu Petit-Jean lire cet écrit, dont il se rappelle les principaux passages, dans un lieu public, chez le sieur Bouxin, à Clayes. La participation de Petit-Jean, sinon à la rédaction, au moins à la publication de cet écrit coupable, est donc formellement établie.

La violence de cet odieux pamphlet, transmis, comme vous le savez, dans les départemens, et qui, sous ce rapport encore, a reçu une publicité plus étendue, nous dispense d'insister sur la nature des divers délits qu'il renferme : l'outrage envers la personne du roi, l'excitation à la haine et au mépris de son gouvernement, la provocation à le renverser, les attaques contre les droits que le roi tient du vœu de la nation française, tout se trouve dans cette publication coupable, et nous ne pensons pas même que la défense cherche à le contester.

Notre tâche est donc accomplie, messieurs, et nous attendrons avec confiance le résultat de vos délibérations.

Les prévenus Guyot, Guernon et Martinaut, déclarés non coupables, sont acquittés.

Les prévenus Petit-Jean, Hullin, Millot, Beaudeloux, déclarés coupables seulement d'avoir été administrateurs d'une association illicite, ont été condamnés chacun en 200 f. d'amende, et la cour a ordonné la dissolution de la société.